天命与使命

来性之埃及人与往性之美国人文化比较

曹世潮·著

文匯出版社

作者简介

曹世潮，父亲奉化人，以一二通析性命运，自称奉化一二先生。以玄性知玄微，为玄学大家。由此通晓数十国文化（习性）及命运，是世界文化大师。作者著有《文化战略》《心时代》《我们的命运》《易性中国人》《玄——天生知道》《谁设定了我们的命》《命运这样支配我们》《这样的个性这样的命》《绅士与武士——东方之日本人与西方之英国人文化比较》《天命与使命——来性之埃及人与往性之美国人文化比较》、《食素与嗜荤——南方之印度人与北方之德国人文化比较》等著作。有大量论文发表并曾在清华、岳麓书院等地演讲。近年来专一著作，致力人类生活、世界形势及各族群个性与命运的阐述。

网站：www.onetwod.com

总序

取德国人与印度人、日本人与英国人、埃及人与美国人做比较是基于这样的考虑：能够给出人类个性的基本态势。它们分别是东西南北中、春夏秋冬的经典，可以在各族群的习性（文化）与个性、数量与形态作全球展开。

之所以用一对一对的比较，目的是让各族群的个性能够清晰深刻地展现。取南北冬夏为一对，是在质地与个性上展开，根本的表达是阴阳。印度人与德国人是人类个性中最经典的一对。德国人是乾，印度人是坤；德国人是冬，印度人是夏；德国人是刚，印度人是柔；德国人是强，印度人是弱；德国人是小，印度人是大……

取东西春秋为一对，是在数量和形态上展开，根本表达是一二。日本人是东，英国人是西；日本人一，英国人是二；日本人是春，英国人是秋；日本人是合，英国人是分；日本人是定，英国人是动；日本是集体为重，英国人是个人为重……

取往来动定为一对，是在性命运上展开，根本表达是死活消长长短。在动定往来中美国人和埃及人是经典的一对。比较之下个性格外鲜明，美国人是往，埃及人是来；美国人是动，埃及人是定；美国人是强，埃及人是弱；美国人是小，埃及人是大；美国人是我，埃及人是你；美国人是短，埃及人是长……

比较中没有讲中间，即乾坤之际、一二之际的个性与族群，这是因为它们不适于做比较，无法鲜明地呈现出性命运来。所以讲了东西南北，春夏秋冬，没有讲能、易、际、场、作、旋等诸个性，但他们是人类个性最佳的形态与趋势。

我们要对自然的随意的设计进行调整，不能因此下去。金木水火土既相生，又相克，相生极好，相克不行。各族群的习性如何再安置有很大的道理。拙著《谁设定了我们的命》一书展示了被天地安置的命运，拙著《命运这样支配我们》一书讲了被安置之后的命运变化，现在的世界形势以及未来趋势大致就是如此。一些个性有偏颇的族群当有修正才好，如此国家、民族才能正常，才能应当。

六个族群比较之后，我们可以看见任一族群都应该在一二之际、天地之际、乾坤之际，各族群的形势、状态、趋向都应当向那个方向变化。比如乾坤之际的奥地利人、太极之际的瑞典人、往来之际的澳大利亚人、即离之际的英格兰人、定动之际的瑞士人、你我之际的日本人、身神之际的加拿大人以及张弛之际的新西兰人等等，他们就在那里。这些族群在经过数百年世界动荡之后，我们仍然看见他们依然很正常，依然很中正，依然很平稳，依然很和平。这就是人类的本性与族群因应得当的一个结果，这就是人性、人道正常的结果。

读这六个族群的比较，如果在其中一二之际、本性法道上整理出一个清晰的去路，各个族群的命运也就在掌握之中了，人类的命运也就在掌握之中了，前途自然是光明的，生活自然是正常的，世界自然是和平的。看看英国人、日本人、瑞士人、奥地利人、新西兰人、马来西亚人、加拿大人、丹麦人、挪威人等际性之人的生活及未来，我们知道我们应当向何处去。

一二之际乃人类必由之路。

最后，要感谢的是恒源祥集团及刘瑞旗董事长对作者文化研究的长期支持。

前言

美国人和埃及人不在一对。美国人是往性的，希腊人是来性的，新西兰人是复性的，它们是一对。美国人是由此及彼，希腊人是有彼及此；而新西兰人是当下、自在。埃及人是定性的，韩国人是动性的（被动、自动或主动、自动）；瑞士人是作性的（自动止动、作息得当），他们是另一对；美国人、希腊人、新西兰人在时间的方向上，历史的趋向上有所不同；而韩国人、埃及人、瑞士人在动定上有所不同。

我们将美国人和埃及人做一个比较，目的是为了更深刻地揭示出个性上的不同。埃及人是定性的，所以数千年没有大变化，依然是如此性情；美国人几乎代代有变化，个个有变化，纵向的、横向的都在不断的变化之中。而且，今天的埃及人可能比以往更加的笃定；而今天的美国人依然如此动静与变化。埃及人的定，在新的一代当中有更强烈的倾向，他们更倾向于一，更倾向于阴，更倾向于定，也更倾向于来。他们的信仰可能更坚定，在他们的信仰里也可能更彻底。而美国人的往性依然被坚持，美国人的个性也依然如此强烈，这是否预示着世界上的一些族群正在向两端发生变化，正在由一、二走向极致，动、定的极致。如果这样的话，我们可以看到世界将进一步分裂，进一步对立，进一步动荡。

看往性美国人和定性埃及人，它们个性之间的差异给我们的启示可能是次要的，更重要的是人类在这两端开出以后，未来的结果会怎么样，这是我们应当关心的。

埃及人为“一”，无论贫富贵贱；美国人为“二”，无论精神情感（埃及人生活场所服装，大同小异；美国人工作场所服装，各个不同）。

美国是乾性；埃及是坤性。

美国人是任性的；埃及人是定性的。

埃及人为合；美国人为分。埃及人一切都浑融；美国人一切都分开。

美国人条分缕析；埃及人浑然综合。

美国人能容，容所有的个性；
埃及人能容，容相同的个性。

埃及位于非洲的东北部和亚洲西南部；美国位于北美洲的中部。

埃及大部分为沙漠气候；美国大部分为温带气候。

埃及人的世界围绕着尼罗河展开；美国人的世界围绕着世界展开。

埃及文化（文明）起源于尼罗河（土生土长）；美国文化起源于移民。

美国人通常有两个故乡；埃及人通常只有一个故乡。

美国人由多民族构成（没有一个民族占人口的 50% 以上）；埃及人东含米特人（包括埃及人、贝都因人、柏柏人等）占 99%，剩余的 1% 有希腊人、亚美尼亚人等。

埃及人百分之九十住在尼罗河畔；美国人百分之九十住在城镇之中。

埃及文物世界第一；美国电影世界第一。

美国人选举总统游移不决，这个、那个；埃及人选举总统一如既往，就是这个。

阿拉伯文／选票

埃及的水果、菜蔬十分鲜美可口；美国的水果、菜蔬望尘莫及。

埃及的历史连绵不断；美国的历史变化转折。

阿拉伯文／历史

美国各镇风貌不同，各家风貌不同；埃及从全国到城镇，到家庭风貌基本相同。

埃及是传统的；美国是流行的。

埃及是曾经的强国；美国是当下的强国。

埃及是世界上最古老的国家之一；美国是世界上最年轻的国家之一。

阿拉伯文／考古

埃及人生活在以往；美国人生活在未来。

阿拉伯文／智慧

埃及人一切归真主；美国人一切归自己。

埃及人崇尚大智慧；美国人崇尚大科学。

埃及主要是自然设计的；美国主要是人为设计的。

埃及文化土生土长；美国文化来自于世界各地。

美国人努力掌握命运；埃及人努力听天由命。

英文/阿拉伯文/命运

埃及人的一生由真主安排；美国人的一生由自己安排。

埃及人一生毫无悬念；美国人一生充满悬念。

埃及人如何死重于如何生；美国人如何生重于如何死。

埃及人视死如归；美国人视死为终结。

埃及人的一生早就安排妥当；
美国人的一生得看着办。

美国人是奋斗的；埃及人是顺应的。

美国人的病（精神病、抑郁病、艾滋病、肥胖症……）复杂；埃及人的病简单。

美国人无自由毋宁死；埃及人无信奉毋宁死。

好动的美国人最恐惧失去自由；
好静的埃及人最恐惧失去信仰。

美国人高度遵从法律；埃及人高度遵从信仰。

阿拉伯文／信仰

美国人最怕被人控制与操纵，哪怕面对一个最爱的人；埃及人愿意为信仰或爱而牺牲。

美国人极为反感他人的说教；埃及人很乐意听人说教。

埃及人大多信仰伊斯兰教，主要为穆斯林；美国人大多信仰基督教。

埃及人信仰是唯一的；美国人信仰是多元的（哪怕是在基督教内也有数百个派系）。

埃及人宗教主导；美国人利益主导。

一日五次，同一时间全体埃及人的祈祷之声在埃及的天空中回响；一生一世全体美国人都不可能有一次在同一时间，做同一件事，说同样的话。

埃及人大多为包办婚姻；美国人大多为自由婚姻。

埃及人极为看重尊严；美国人极为看重人权。

埃及人反对偶像崇拜；美国人充满偶像崇拜。

美国的教堂各具风格；埃及的清真寺一派庄严。

埃及的清真寺神圣无比；美国的教堂森严不足。

埃及人生活在人间与天堂的路上；美国人活在人间，死后去天堂。

埃及人舍弃今世的一切，以换取未来的福份；美国人支取未来的一切，享受当下的生活。

埃及人以为为主而牺牲，永远活着；美国人以为死了，就是死了，不可能再生。

埃及人行善积德、敬老扶幼、宽厚待人；美国人公平公正地待人接物。

阿拉伯文／宽厚

埃及人没有永远的利益，只有永远的朋友；美国人只有永远的利益，没有永远的朋友。

阿拉伯文／朋友

埃及人以宗教信仰为言行指南，循规蹈矩；美国人以个性和法律为言行指南，在其中平衡。

美国人世俗，偶尔可能恶俗；
埃及人神圣，且无可以无上。

美国人实用主义盛行，投机取巧；埃及人按信仰行事，一竿子到底。

在精神上美国人浅尝辄止；在精神上埃及人精深不已。

在埃及有太多的警察；在美国有太多的律师。

阿拉伯文／警察

埃及的交通混乱而嘈杂；美国的交通高速而有序。

埃及人很不喜欢狗；美国人很喜欢狗。

埃及人对空气污染和吸烟有绝对的忍耐程度；美国人则与之相反。

高分贝充满了埃及（从人们的说话声，到没完没了的汽车鸣笛声，到每个商店里的音乐声……）；美国噪音污染不高。

纽约街头香味浓烈而杂陈；开罗街头香味浓烈而纯一。

埃及是一个植物绿色与沙漠黄色色调反差强烈的国度；美国是一个充满活力（以红为主的）色彩的国度。

美国的咖啡馆也略显紧张；埃及的咖啡馆始终松弛。

英文／阿拉伯文／咖啡

埃及老年人当道，美国年轻人主事。

美国人衣着主导流行，埃及人衣着保持传统。

埃及人的装饰纹样总是充满民族传统意味；美国人的装饰纹样总是充满当代世界意味。

埃及人心灵远比环境洁净；美国人心灵与环境差不多洁净。

埃及人宗教场所及家里十分洁净；美国人所到之处都比较干净。

埃及人从不梦想；美国人充满梦想。

埃及人一日五次祈祷；美国人一周一次祈祷。

埃及端庄；美国夸张。

再穷的埃及人都有神圣感；再富的美国人都有动感。

埃及可能是世界上最友好的国度之一；美国是世界上最宽容的国度之一。

埃及人用平等化解贫富；美国人用竞争确认贫富。

英文／竞争　阿拉伯文／平等

埃及人享受给予；美国人享受获得。

美国人什么都讲价值；埃及人只在买卖中讲价值。

开罗的日夜不息、人满为患是因为活力四射的生活；纽约的日夜不息、人满为患是因为激烈竞争的工作。

埃及有全世界最大的集市，应有尽有；美国有全球最大的百货公司，门类齐全。

埃及人仪表堂堂；美国人充满活力。

美国人喜欢所有的竞赛；埃及人喜欢所有的休闲。

埃及人衣着庄重而考究；美国人衣着随意而休闲。

在埃及，到处可以见到热情友好、面带幸福的微笑；在美国这种微笑少了幸福感。

美国人是势利的，其势利深入信仰乃至情感；埃及人是神圣的，其神圣驱逐势利。

埃及人是传统的；美国人是现代的。

埃及人是保守的；美国人是开放的。

埃及人生存寄托于自然；美国人生存寄托于科学。

埃及人尊重历史、血统和权威；美国人尊重当下、现实、能力。

英文／当下　阿拉伯文／历史

埃及人具有强烈的服从性；美国人具有强烈的不服从性。

埃及科学不发达；美国科学很发达。

埃及人是内向的；美国人是外向的。

阿拉伯文／内向的　英文／外向的

埃及人生来就已成熟；美国人永远年轻。

美国是奥运会金牌大户；埃及暂时与奥运会金牌无缘。

埃及人定是不动的；美国人动是不停的。埃及人喜欢定，定定心心；美国人喜欢动，激动不已。美国人让一切都动起来，财务、金钱、人、保险再保险，从中分一杯羹；埃及人让埃及静下来，财务、金钱（锁入保险柜）、人（美国人时时在动，你看那脂肪；埃及人常常不动，你看那咖啡馆）。

美国人一生都在动；埃及人一生都在定。

埃及人心性冷静；美国人心性热情。

美国人认为人的心态当永远年轻；埃及人认为人的心态当神圣和宁静。

美国人一生在变动中度过；埃及人一生在安宁中度过。

在埃及绝大多数人希望一切都在意料之内的；在美国绝大多数人希望一切都在意料之外的。

阿拉伯文／意料之中

美国人认为人犯错误是正常的行为方式，甚至是成功之母；埃及人与之相反。

无论是何年龄的美国人一律是青春模样（从化妆到着装）；无论是何年龄的埃及人一律持重老成。

埃及人认为人不应该有缺点；美国人认为没缺点的人不真实（他们不喜欢过于完美的人）。

浮浅之风在美国盛行；深沉之气笼罩着埃及。

完美是美国人所不屑的（什么东西有缺陷才显得自然）；端庄是埃及人所追求的。

埃及人期盼天天过同样的日子；
美国人期盼天天过不同的日子。

埃及人发达是因应自然；美国人发达是征服自然。

美国人以为时间就是金钱；埃及人以为时间就是生活。

美国人一切求快；埃及人一切求在（美国人喜欢快餐；埃及人喜欢慢餐）。

埃及人喜欢自给自足；美国人喜欢全球贸易。

埃及人绝大多数生活在正常之中；
美国人绝大多数生活在非常之中。

埃及人少用计谋；美国人无不用计谋。

美国人注重策略；埃及人坦白真诚。

埃及最发达的是包罗万象的市场；美国最发达的是专业商店。

埃及市场最发达；美国商场最发达。

美国人信息产业全球最发达；
埃及人信息产业全球最不发达之一。

埃及人很少批评领导和政府；
美国人不断批评领导和政府。

美国人新闻太多；埃及人新闻不多。

埃及人钟情于“闻风节”（人们感受春之芬芳），倾城出动；美国人钟情于“超级碗杯”（橄榄球总决赛），全国关注。

埃及人一生可能生活在同一地区；美国人一生生活在多个地区。

埃及人一生只做一项工作（甚至几代人从事同一职业）；美国人一时做一时的工作。

美国人工作是为了生活，没工作美国人几乎没法生活；埃及人是为了生活才去工作，没工作也好好生活。

埃及人的生活日复一日；美国人的生活日新月异。

美国人习惯于排队；埃及人没有排队的习惯。

埃及人办事，你认识谁比办事规则重要得多；美国人办事，办事规则比认识谁重要得多。（在埃及，人际关系是办事的枢纽；在美国，科学和法律是办事的枢纽。）

美国人只关注你名片上的公司电话号码；埃及人更关注你名片上有没有家里的电话号码。

埃及人有午睡的习惯（下午两点开始）；美国人不习惯午睡。

美国人的邮局24小时开着，机场24小时开着，快递24小时送到，新闻24小时开着；埃及的邮局只开8小时，机场开8小时，新闻只有一小时。

埃及人工作是跳跃式的（他们不可能在一段时间里只做同一件事，如会议谈判、哪怕你是在与部长谈话，属下也可能进来打断你）；美国人工作是线性的，此时此地只做此事。

埃及人宗教与生活浑然一体；
美国人宗教与其他一一分离。

在埃及，即使你不信奉伊斯兰教，伊斯兰教仍然影响着你的生活；在美国，你没有宗教信仰，则宗教信仰与你生活无关。

埃及人朋友之间是有求必应；
美国人朋友之间是不求不应。

埃及人对人对己是同一的；美国人对人对己是不同的。

埃及人热情多源于友情；美国人热情多源于利益。

埃及人具有同宗同教的兄弟般情谊；美国人同宗同教的也未必有兄弟般情谊。

埃及人信奉人与人，人与万物和谐相处；美国人信奉人与人，人与万物对待相处。

埃及人精诚团结；美国人不知道怎么团结。

埃及人在公开场合同性之间挽着胳膊，亲密无间，美国人觉得很诧异；美国人在公开场合异性之间挽着胳膊，亲密无间。

埃及人握手时间长而轻柔；美国人握手时间短而有力。

埃及人为聚会而聚会，主要活动是闲聊；美国人为利益而聚会，主要活动是谈判。

埃及人送给你东西，是因为你喜欢它（一枚戒指，很可能因为你说了声“太美了”，埃及人就送给你了）；美国人送给你东西，是因为礼尚往来。

美国人异性乐意单独相处；埃及人异性单独时绝对分开。

埃及人说话嗓门大；美国人对此望尘莫及。

埃及人喜欢聚居于大城市；美国人喜欢聚居于小城镇。

埃及人互相依靠；美国人各自独立。

阿拉伯文／依靠

美国人格外注重隐私，是因为美国人格外关注；埃及人几乎不关注隐私，因为他们几乎没什么隐私。

埃及人绝对禁忌有伤风化之事；
美国人说不出什么是叫“有伤风化”。

素不相识的埃及人与美国人之间都有一种亲切感，但前者会持续久远，后者则人一走茶就凉。

美国的暴力与暴力犯罪十分普遍（美国人在狱人数世界第一）；埃及的暴力和暴力犯罪比较罕见。

埃及有小偷小摸发生；美国有强抢强盗发生。

美国人充满恐惧，到哪里都像是前线，从机场到旅游胜地都有严密的安全装置；埃及人淡定，到哪里都像在家里一样。

埃及人时有激烈争吵，但很少斗殴；美国人时有斗殴，甚至枪杀。

埃及人忌讳错误；美国人失败乃成功之母。

荣誉渗透埃及人的日常生活；
成功渗透美国人的日常生活。

美国的女人自己对自己负责；埃及的女人除此之外，其父亲、兄弟也对其负责。

家族传统决定了埃及人的社会地位；成功与否决定了美国人的社会地位。

埃及人认同社会阶层；美国人认同社会平等。

英文／投票

埃及人认同自己属于哪个“群属”；美国人只属于自己。

埃及人的生活崇尚健康；美国人的生活崇尚随性。

埃及人利他；美国人利己。

美国人对朋友没有责任；埃及人对朋友富有责任。

埃及人要么是陌生人，要么是朋友；美国人要么是陌生人，要么还是陌生人。

埃及人家庭中的每一个人都与家庭荣誉有关，都负有责任；美国人没有。

埃及人尊重并顺从权威；美国人尊重但并不顺从权威。

阿拉伯文／权威

埃及人对长者毕恭毕敬，百依百顺；美国人对长幼一视同仁。

美国人厌恶年老；埃及人享受老年生活。

家庭是埃及人的核心，他们往往三代同堂；个人是美国人的核心，美国家庭不少是单亲。

美国人不会因家庭而影响正常工作或生意；埃及人则正相反。

埃及人各家庭喜欢聚居；美国人各家庭喜欢独居。

埃及人父母对孩子有极大的影响；美国人父母对孩子没太大的影响。

多变的美国人，不知道自己下一餐在什么时候、什么地点吃，所以他们每餐都吃得饱饱的；恒定的埃及人，知道自己每一餐的时间和地点，他们不会暴食暴饮。

美国的菜系什么都有，就是没有美国菜系；埃及的菜系千年一脉，始终如一。

埃及人千百年来的饮食没有太大的变化；美国人的饮食年年翻出新花样（定制的快餐每季都有变化）。

阿拉伯文／英文／食谱

埃及人吃饭每顿像正餐；美国人吃饭每顿都像便餐。

埃及人吃什么都有滋有味；美国人吃什么都猛吃猛喝。

埃及人口味清淡、温和；美国人口味浓郁、厚重。

美国饮食多是世界风味，就是少有美国风味；埃及饮食多是本国风味，就是少有世界风味。

埃及人服饰千余年来没有变化；美国人服饰至少每季变化一次（埃及的服饰没有变化，都是阿拉伯风格；美国的服饰多有变化，都是休闲和运动装）。

埃及的男人不知道什么叫“性骚扰”；美国是禁止性骚扰最严厉的国度。

埃及人的墓葬几乎人人相同；
美国人的墓葬几乎个个不同。

美国人天天在创造艺术巅峰；
埃及人金字塔是永恒的巅峰。

图书在版编目（CIP）数据

天命与使命：来性之埃及人与往性之美国人文化比较 / 曹世潮著. -- 上海：文汇出版社，2013.7

ISBN 978-7-5496-0934-5

Ⅰ. ①天… Ⅱ. ①曹… Ⅲ. ①民族文化—比较文化—美国、埃及 Ⅳ. ① G171.2. ② G141.1

中国版本图书馆 CIP 数据核字 (2013) 第 134373 号

天命与使命

——来性之埃及人与往性之美国人文化比较

著作权人 / 曹世潮

绘　　图 / 天　呈

责任编辑 / 熊　勇

装帧设计 / 周夏萍

出版发行 / **文匯**出版社

上海市威海路 755 号

（邮政编码 200041）

印刷装订 / 上海宝山译文印刷厂

版　　次 / 2013 年 8 月第 1 版

印　　次 / 2013 年 8 月第 1 次印刷

开　　本 / 850 × 1168　1/32

字　　数 / 80 千（图片 181 幅）

印　　张 / 6

ISBN 978-7-5496-0934-5

定　　价 / 26.00 元